ALLOCUTION

PRONONCÉE LE 19 FÉVRIER 1887

AU MARIAGE DU

COMTE GUILLAUME DE MONTIGNY

ET

Mlle MARGUERITE LASSANCE

Dans l'Église-Cathédrale de Lectoure

PAR

M. l'Abbé DE MONTIGNY

Chanoine honoraire
Supérieur du Collège Saint-Joseph de Tivoli, Bordeaux

BORDEAUX

IMPRIMERIE R. COUSSAU & F. COUSTALAT
20 — rue Gouvion — 20

1887

ALLOCUTION

PRONONCÉE LE 19 FÉVRIER 1887

AU MARIAGE DU

COMTE GUILLAUME DE MONTIGNY

ET

Mlle MARGUERITE LASSANCE

Dans l'Église-Cathédrale de Lectoure

ALLOCUTION

PRONONCÉE LE 19 FÉVRIER 1887

AU MARIAGE DU

COMTE GUILLAUME DE MONTIGNY

ET

Mlle MARGUERITE LASSANCE

Dans l'Église-Cathédrale de Lectoure

PAR

M. l'Abbé DE MONTIGNY

Chanoine honoraire
Supérieur du Collège Saint-Joseph de Tivoli, Bordeaux

BORDEAUX

IMPRIMERIE R. COUSSAU & F. COUSTALAT
20 — rue Gouvion — 20

1887

ALLOCUTION

« Filii quippe sanctorum sumus, et
non possumus ita conjungi, sicut
gentes quæ ignorant Deum. »
(Tobie, VII, 5.)

MON CHER FRÈRE ET MA CHÉRE SŒUR,

EN créant dans une harmonie parfaite l'ordre de la nature et l'ordre de la grâce, Dieu a imprimé au cœur de l'homme un double mouvement qui tend à le perfectionner sans le diminuer jamais. Le vrai chrétien appartient à Dieu; mais par cela même qu'il est à son Dieu, il est plus parfaitement à ses frères. Vous connaissez le cri sublime de notre grand poète :

« Je vous aime
« Beaucoup moins que mon Dieu, mais bien plus que moi-même. »

Témoin, grâce à la bienveillante délégation du

vénérable archiprêtre de cette Église, témoin ici, au nom de Dieu, et frère par les liens du sang, je ne suis nullement embarrassé de ce double titre pour vous dire toute ma pensée sur l'acte solennel que vous venez d'accomplir et qui intéresse également l'Église dont je suis le Ministre, et deux familles dont je partage les affections, les joies et les espérances.

Aussi, après m'être uni de cœur aux parents et aux amis réunis au pied de cet autel, et leur avoir adressé l'expression de mes sentiments et de mes vœux, je leur demanderai, comme naguère dans une circonstance semblable, la permission d'oublier mon titre de frère pour me souvenir seulement qu'ici, avant tout, je suis Prêtre.

Une fois encore, j'emprunterai la parole de nos Livres Saints pour y puiser des enseignements pleins d'actualité. Les générations passent ; le cœur de l'homme reste le même avec ses besoins et ses aspirations. La scène touchante que je veux évoquer devant vous va nous reporter dans ces contrées aujourd'hui désolées, mais alors opulentes de la vieille Arménie.

Une famille déchue de ses anciennes grandeurs y vit sous la domination de l'Assyrien. Mais dans sa captivité il lui reste une consolation et une force : les vertus d'un père devenu aveugle « *benedictio sit tibi quia boni et optimi viri filius es.* » (Tob.. 7. 7.) Grande bénédiction que les vertus d'un père au foyer domestique, alors même que le regard paternel est déjà éteint !

Or, voici que l'Ange de Dieu s'offre à cette famille restée fidèle aux traditions du passé. Il vient pour conduire le fils auprès de la femme qui lui est destinée. Pourquoi ce messager divin, pourquoi ? Il importe de le redire à une génération dont les pensées et les passions égoïstes nous ramènent, sous le faux prétexte des droits d'une raison en révolte, aux plus mauvais jours de la famille déchue et découronnée. Cet Ange est le représentant de Dieu et des droits de Dieu, dans l'acte le plus solennel d'une vie humaine ; acte qui est la base, le fondement de toutes les institutions sociales, et dont Dieu lui-même a voulu fixer les lois et consacrer les rites par sa présence au Paradis terrestre pour l'élever ensuite à la dignité de Sacrement. L'homme peut se révolter. Le droit de Dieu reste, et le prévaricateur trouve son châtiment dans l'abime qu'il creuse sous ses pas.

Entendez la parole de l'Ange à Tobie ; entendez-la, vous surtout, mon cher frère, car elle renferme le plus grave des enseignements : « Il faut, dans l'acte du mariage, que l'époux s'élève au-dessus des pensées charnelles qui abaissent les intelligences et les cœurs. Il doit plus que jamais être uni à Dieu et recevoir comme un sacerdoce la mission que sa providence lui confie. » Oui, c'est un véritable Sacerdoce dont Tobie détermine la nature, définit le caractère et exprime les devoirs, dans cette belle prière : C'est vous, mon Dieu, qui nous avez créés, comme Adam, du limon de la terre. Nous sommes donc à vous entièrement et à toutes les heures de notre existence. « *Tu Domine, fecisti nos de limo terræ.* » (Tob., 8, 8.) C'est vous qui avez choisi pour moi, de toute éternité, cette compagne à qui je dois protection, fidélité et amour ; c'est vous enfin qui avez imposé à l'humanité la grande loi de multiplier les adorateurs de votre nom, et c'est pour remplir ce devoir primordial que je demande votre bénédiction « *Solâ Posteritatis dilectione.* »

N'ai-je point le droit d'affirmer qu'une telle mission est un Sacerdoce ? Cette mission, vous la remplirez, mon frère, en soldat et en chrétien. Vous vous rappellerez que la vie de l'homme est un sacrifice de tous les instants, et qu'au foyer domestique, l'époux porte le diadème et le sceptre d'une royauté dont les droits s'affirment par des devoirs, et dont l'autorité s'inspire toujours des affections du cœur.

Cette tâche vous sera rendue facile par celle qui vous est unie aujourd'hui : la nature l'a ornée de qualités précieuses auxquelles une éducation profondément chrétienne a donné cette plénitude qui fait les belles et nobles âmes ; elle a grandi auprès d'une mère dont l'activité généreuse sait dominer les faiblesses du corps ; auprès d'un père, dont je pourrais dire ici les vertus, si le concert unanime de tous ses concitoyens ne m'avait prévenu en lui décernant cet éloge d'une sublime et divine concision : *Vir justus*, un Homme juste. C'est dans ce milieu qu'elle a grandi, loin des orages du monde, comme ces fleurs choisies, pures et modestes qui attendent la main du maître pour répandre leur parfum et donner leurs fruits.

Si la prière de Tobie est la leçon de l'époux, la prière de Sara est celle de l'épouse.

Vous entrerez demain, ma chère sœur, dans un nouveau foyer domestique ; c'est la première loi imposée par Dieu à la femme : elle doit tout quitter pour suivre son époux. Sans doute j'entends la voix d'une autre Raguel vous supplier avec larmes de rester au moins deux semaines encore « *ut duas hebdomadas moraretur apud se* » (Tob., 8, 23), vous lui répondrez par la voix du sacrifice, sacrifice qui vous sera rendu moins pénible par les affections que vous promettent une seconde mère, dont vous apprécierez l'intelligence active et dévouée ; des frères et des sœurs qui vous seront tendrement unis comme ils l'ont toujours été entre eux.

L'historien sacré ajoute que les yeux du vieillard Tobie se rouvrirent à la lumière pour contempler sa nouvelle fille. Vous trouverez, hélas ! à notre foyer une place vide, mais toujours vivante par les respects et les souvenirs dont l'entoure notre piété filiale ; pour être à la hauteur de la mission qu'il accepte avec votre main, votre époux n'aura qu'à se rappeler qu'il est le fils de cet homme de bien, dont la tombe reste vénérée de tous, parce que pour tous il fut bon, très bon. « *Optimi viri filius es.* » Il sera fidèle à cet héritage, j'en prends à témoin l'épée qu'il porte, et le noble et vaillant Soldat qui, après avoir dirigé ses premiers pas dans la carrière des armes, lui donne aujourd'hui par sa présence le plus précieux des témoignages.

Femme, Épouse, et, nous en formons le vœu,
Mère chrétienne un jour, vous aurez des devoirs
sacrés à remplir. Ils sont exprimés en deux paroles
dans la prière de Sara. Voici la première :

Miserere, miserere : Seigneur, ayez pitié de nous.
C'est la voix du sacrifice dans l'immolation. Le
foyer domestique demande, comme toute créature
ici-bas, un Calvaire dont les vertus et les expia-
tions conjurent les orages de la vie. Ah ! c'est
surtout le cœur de l'épouse et de la mère qui
est cette grande, cette sainte chose que la douleur
transfigure et vivifie.

Ce langage peut paraître sévère. C'est pourtant
celui de la vérité : quand tout autour de vous
s'abandonne aux rêves de l'avenir et aux douces
espérances de l'affection ; quand les fleurs sem-
blent naître sous vos pas, malgré la froidure des
hivers, je dois à mon titre de ministre d'un Dieu
crucifié, de vous rappeler que nous sommes des
voyageurs sur une terre d'exil.

La seconde parole de Sara est non moins

remarquable que la première : « *Consenescamus ambo.* » (Tob., 8. 10.) Sara veut vieillir dans le dévouement et la fidélité. O législateurs des prétendus droits modernes, pontifes d'une raison dite indépendante, écoutez à travers les siècles ce battement naturel au cœur humain, et soyez confondus dans vos égoïstes pensées !

Et maintenant, Mes Frères, je vous laisse à vos pensées et à vos propres discours, car sur vos lèvres et dans vos regards je lis une parole plus vivante que la mienne. Vous faites des vœux, vous offrez des prières ; ils en faisaient aussi, les parents et les amis de Tobie. Que Dieu vous bénisse, disaient-ils dans cette langue que l'Eglise a consacrée ; qu'il vous soit accordé de voir les enfants de vos petits-enfants, et que la race dont vous serez les pères soit une race de Vaillants et de Forts, toujours au service de la justice et de la vérité : race immortelle, qui passe immaculée dans les chemins de la vie. Tandis que les vieilles générations se couchent et dorment

dans la tombe, voilà qu'à côté apparaissent des
berceaux où fleurit l'espoir d'une génération
nouvelle. Vicissitudes du temps ! Souvenirs du
passé et espérance de l'avenir ! Flots de la vie
humaine qui se pressent sous le regard du
Créateur et nous portent à cet éternel rivage où
nous serons tous unis dans la possession de la
vérité et de la beauté infinies !

22